한 알의 모래를 보탠다

세종마루시선 004

한 알의 모래를 보탠다

2021년 8월 20일 초판 1쇄 발행

지은이 성배순
펴낸이 윤영진
기획 이은봉 김백겸 김영호 최광 성배순
홍보 함순례
펴낸곳 도서출판 심지
등록 제 2003-000014호
주소 34570 대전광역시 동구 대전천북로 12
전화 042 635 9942
팩스 042 635 9941
전자우편 simji42@hanmail.net

ISBN 978-89-6627-203-7 03810

* 이 책은 세종특별자치시와 세종시문화재단의 후원으로 발간되었습니다.

세종마루시선
004

한 알의 모래를 보탠다

성배순 시집

시인의 말

모래사장에 네 번째 발자국 도장을 찍는다.

파도는 금방 그것을 가져가겠지만.

A4용지 한 장의 물 발자국이 10L의 물이라는데

이것을 묶기 위해 얼마나 많은 물을 또 찢어 버렸나.

2021년 여름 '갈뫼마루'에서

성 배 순

차례

제1부

제2부

제3부 시극

〈일러두기〉

*본문에서 〉는 '단락 공백 표시'로 한 연이 새로 시작된다는 표시이다.

제1부

여보세요
— 포노사피엔스

남편과 등을 맞대고 누워
각자 지혜로운 폰을 매만진다.

자? 내 폰 갤럭시가 은하를 건너
그의 폰 갤럭시에게 묻는다.

아니 왜? 그의 갤럭시가 은하를 건너
내 갤럭시에게 대답한다.

할 껴? 몰러! 선문답이 오간다.
인류의 오랜 소통이 시작된다.

각자 잠든 뒤에도 휴대폰에 남은
신인류의 사랑법은 계속된다.

배롱나무

산소 앞 배롱나무.
껍질 벗고 새 옷 입으라고 심은 나무.

허물을 몇 번 벗어도 남아 있는 그리움,
하얀 꽃 피고 지고 피고 지네.

아이들 올라오는 소리 들릴까,
귀 활짝 펼치고 또 펼치고.

석 달 열흘 목 길게 빼고
산 아래만 바라보고 있는 아버지!

지구의 두 축

붉노란 서쪽 하늘이
늙은 아기를 끌고 가는
보행기를 잡아당긴다, 슬슴슬금.
덜커덩, 지구의 어깨가 한 뼘
옆으로 더 기울어진다.

보행기 속 아기가
지구의 몸을 밟는다.
조물조물 발가락을 꼼지락거려
어깨가 무거운 지구를
살금살금 풀어준다.

봄, 만다라

봄, 나무는 손끝 가지까지 끌어 올린 수액으로
푸른 허공을 깨끗하게 청소한다.
한 잎 한 잎 꽃을 그린다.
후르르 다 지워버린다.
그 앞에서 어머니는 합장을 한다.
봄, 나무는 다시 초록 잎을 그리고
붉은 꽃을 그린다. 허공을 지운다.
천년 동안 반복되는 일상이다.
땅속에 머리를 박고 물구나무서서
모든 생각의 끝을 놓아버린 저 초록불!

산제비나비 한 마리

유난히 배를 좋아하신 아버지 49제 끝나는 날
배꽃 폭설이 내린다. 산제비나비 한 마리 난다.

이승에 남은 우리는 아버지 옷가지를 불속에 던진다.
산제비나비가 검은 날개 펄렁펄렁 손바닥 위에 앉는다.

커다란 산제비 나비 한 마리 청록비늘 반짝인다.
배 한 조각을 한참 동안 쭉쭉 빨아 먹는다.

커다란 산제비가 서쪽 하늘로 날아간다.
배꽃 폭설 속으로 흔적도 없이 사라진다.

한 점 날개 소리도 없이, 한 점 미풍도 없이
산제비 한 마리가 배꽃 속으로 스며든다.

홀황

뻘은 검은 입 벌려

흡, 흡

맨발과 오래 입맞춤한다.

다시는 발 빼지 말라고

깊이, 깊이!

두 아기

이가 다 빠진 구순의 노모
체머리를 흔들며
까꿍 재롱을 핀다.

윗니 아랫니 두 개뿐인 아기
체머리를 흉내 내며 도리도리한다.
껄껄껄 우는 붉은 잇몸의 아기.

섬마섬마

언제까지 품안에서만
반짝이고 있을래?
둥가둥가 해줄 팔다리가 없구나.
심장만 덩그러니 남은 저수지
가슴을 팽팽하게 뒤로 젖혀본다.

잠시 공중으로 퉁겨 올려진 물방울
크앙크앙 햇빛에 반짝인다.
풍덩 저수지 품으로 뛰어내린다,
다시금 반짝이는 물방울.

클대로 다 큰 아이야.
구름 위까지 한번 올라가 보렴.
세상엔 반짝이는 일 말고도 할 일이 많잖니?
저수지는 심장의 표면장력을 만들어
더 높게 물방울 하늘로 퉁겨 올린다.

천이遷移

절벽에서 훌쩍 몸을 던진 꽃들
밑바닥에 씨앗을 낳지.
자갈을 비집고 뿌리 내리지.
나 같은 세상 살지 마, 아가들아.
새로운 호적에 이름 올려야지.

때로는 목숨을 건 밀항도 하지.
귀화식물이라는 꼬리표
오래오래 사전에 오르내리지.
낯선 바람, 맑은 물
소화를 못하기도 하지.

터키가 원산지인 튤립 구근 하나
꽃을 피우면 꽃대가 약해지겠지.
아들은 바람 불어 창문을 열어 놓지.
새끼들 머잖아 터번을 두르겠지.
두 손 턱에 괴고 식탁에 앉아 있겠지.

고양이 탁발승 냐翁

8척 담장 교도소 지붕 위 고양이 스님
뒤뚱뒤뚱 오후의 탁발을 시작한다.

툭 지붕에서 내려와 방 방 탁발을 한다.
꿀꿀 이 한 몸뚱이 돼지가 되어도 좋다.

보리수 나무 아래 석가족 왕자 부럽지 않다는 듯
십만 팔 천리 밖 극락 미륵불 누구냐는 듯

푸른 공양주들 음식을 먹고 또 먹는다.
시방, 온몸을 집중하며 공양 중인 냐翁 스님.

시인과 농부

— 그와 그녀의 사랑법

풀꽃농장 주인이 풀 앞에 앉는다.
얘는 올봄 앞산에서 내려 왔고
쟤는 작년 여름 옆 동네 언덕에서 왔고
하나하나 풀님들 이력을 소개한다.

이것 좀 보세요! 풀잎 닮은 새끼 여치
쓰다듬다 주인은 그만 다리 하나를 부러뜨린다.
이쁜 것은 그저 바라다 보아야만 하는 것을
왜 깜빡 잊었을까? 이를 어쩌나, 이를 어째!

가루다 뱃속에서

황금 날개에 태양을 싣고

동쪽에서 서쪽으로

어제도 오늘도 내일도

뱃속에서 죽지도 못하고

덩달아 지루하게 반복된다.

소피아 고무나무

누군가가 선물한 소피아 고무나무
행여 목 마를까 수시로 물을 준다.
창문 쪽으로 어깨가 기울어지는 고무나무
웃자라면 금방 죽는다고
기둥을 튼튼하게 가지치기하라는
꽃집주인의 말 따라
뎅강 목을 친다. 반짝반짝
윤기 나던 초록 잎
하얗게 색을 잃는다.
굵은 기둥을 갖게 해주고 싶었다고,
뿌리를 뽑으면서 변명을 해본다.
이제야 고향으로 돌아간다며
소피아 고무나무, 뿌리에 묻은
모래가루 후르르 쏟아낸다.

사과가 아삭아삭

사과가 베란다 구석 박스 속에서
유리문 안쪽 사람들의 웃음소리 듣는다.
크릉크릉 고양이 소리 듣는다.

낮에는 햇볕을, 밤에는 달빛을
완경한 제 자궁 속으로 받는다.

바람이 물어다 주는
산수유 노란 향기, 진달래 붉은 단내
몸 속 깊이깊이 흡입한다.

수분을 날려버린 몸 쪼글쪼글하다.
식탁 위 접시에 누워
아삭아삭 먹히는 사과, 하 달다.

5월

이리 오너라 업고 놀자.

봄날은 순식간에 지나가느니

노세 노세 젊어 노세.

붉은 꽃, 하얀 꽃, 노란 꽃

팔랑팔랑 나비에게 수작을 거네.

침산리 사람들

다듬잇돌처럼 생긴 우리 동네 방아미에는
오래된 팽나무와 아름드리 참나무 숲이 하나 있었네.
무성한 숲에서 소년들은 장수하늘소를 잡았지.
장수하늘소 닮은 갑옷을 입고 이 나라를 위해 싸우고 싶었지.
장군이나 재상의 큰 인물이 나올 거라는 이곳.
일본인들은 명당의 혈이 있는 숲의 산줄기를 잘라 철도를 놓았네.
아침에 눈 뜨자마자 신사에 들러 절하라고 겁박했지.
딱딱 손뼉 치며 참배를 하고 손도장을 받은 사람만
논밭으로 나가 하루 일을 시작할 수 있었지.
해방 후 신사가 있던 야산을 사들인 김씨 형제
기꺼이 침산공원용 부지로 땅을 희사했지.
충령탑 앞에서 마을사람들과 함께 묵념을 했지.
역전 뒤 방아미 판잣집에 살던 여자들과 아이들은
함지박 그릇 가득 감자, 고구마, 옥수수, 복숭아를 팔았지.
기차가 서는 잠깐의 시간에 박카스도 팔았지.
달빛이 아름다운 침산리에 저녁이 오면

굴다리를 지나 막걸리 집에서 하루의 고단을 풀었지.
하루하루 사는 것이 외줄타기 같던 시절에도
반드시 지켜지던 마을의 법이 하나 있었지.
불효를 하는 사람은 반드시 마을에서 추방한다는 것,
효를 으뜸으로 여기는 침산리 사람들,
다듬잇돌을 베고 누워 오늘도 눈부신 달빛을 보네.

봉산리 노래

정상, 우각, 성주, 두루, 수형, 다섯 봉우리
솔잎 향기가 늘 푸르른 마을
구릉지 황토는 과일나무가 좋아하는 흙.
일제강점기 권업모범장과수시범포가 있던 마을.
천상의 과일 복숭아가, 제사상에나 오르던 귀한 배가
100년이 넘도록 열리는 마을.
복숭아꽃 배꽃이 흐드러지게 피는 4월이면
마을회관 앞에는 고사상이 차려지고
활짝 웃는 돼지머리가 올라간다.
한해농사 잘 되게 해달라고 축제가 열린다.

복숭아가 익을 때쯤 마을 사람들은
솥단지 짊어지고 천렵을 갔지.
빨래터요 놀이터인 봉산 천으로.
남자들은 바지를 걷어 올리고
가재며 누치 쏘가리를 잡았지.
여자들은 호박 숭숭 썰어넣고
얼큰한 매운탕을 끓였지.
마을을 가로질러 침산리, 서창리를 지나

조천으로 흘러가는 시냇가에서
아이들은 첨벙첨벙 깔깔거렸지.

마을 어머니들은 둥글 넙적 자교암에
아이를 번쩍 안아 올려놓고
오래전 한 어머니가 그랬듯이
출세보다 먼저 사람이 되라고 회초리를 들었지.
부모님 무탈하기를, 아이들이 효자 되기를
봉산동 자단향나무에 기도했지.
빙고개 아래 회 밭 기와조각 가루로
번쩍번쩍하게 닦은 놋그릇에
이 모든 소망 고봉밥으로 상 차렸지.

제2부

우리는

한때는 바람이었다가 구름이었다가
흰 눈꽃으로 그대 어깨 위에
살포시 내려앉았지요.
어쩌면 우리는 그때
매일매일 만났는지도 몰라요.
처음부터 그대의 향기가
낯설지 않았거든요.
먼 길 돌아 첫눈에 반한 우리 두 사람
비로소 오늘 두 손을 잡았지요.
비바람 속에서도
폭풍우 속에서도
부디 이 손 놓지 않기를.

우리 이제 서로 든든한 나무가
되기로 해요. 나무의 그늘만
고집하지는 않기로 해요.
밝은 햇빛만 사랑하지는 않기로 해요.
그대 하나로, 그대 하나로 충분히 환한
오늘이기를, 내일이기를
소망해요, 사랑해요, 그대.

박태기 꽃, 트랜스젠더 가수 H

시커먼 남자껍질 감옥을 탈출해

온몸 가득 뭉클뭉클 꽃 피운 홍자색 피멍.

포노사피엔스 사랑법

너를 기다리는 동안

문이 몇 번 열리고 닫혔는지

모른다, 쳐다보지 않았으니까.

너는 사각의 우주 속에서 웃는다.

나는 너의 웃음을 만진다.

가령 네가 오늘 오지 않아도

나는 지금 충분히 행복하다.

죽어도 좋아

나는 가입 당원 5억이 넘는 거대한 당뇨당원,
20대에 입당을 한 열렬 당원,
먹방 프로그램의 관리자.
모든 인류를 당에 가입시키는 것이 목표.
주먹밥을 30초 안에 먹는 사람,
엉덩이보다 큰 빵을 먹는 사람,
라면 서른 개를 순식간에 끓여 먹는 사람,
사탕수수농장의 어린 농부들이 나오는 TV화면에
빵, 밥, 설탕은 독이라고 자막을 단다.
그런 뒤 당에서 운영하는 병원의 의사를 출연시켜
독도 적당하면 약이 된다는, 독과 약은 화학적으로
분자 구조가 같다는 대본을 읽게 한다.
검은 초콜릿으로 반죽한 빵에
하얀 설탕을 녹인 시럽 군단
네이버 쇼핑 앱 화면을 줄줄이 정복한다.
우리는 밤바다 집어등에 몰리는 오징어.
다섯 손가락을 꼼지락거리며 빵, 빵, 빵,
당신도 클릭! 나도 클릭! 죽어도 좋아.

봄이 간다

봄 벚꽃이 하늘거릴 때쯤
아가가 벽을 붙잡고 걸음을 떼기 시작할 때쯤
열다섯 살 된 고양이 봄이가 집 구석구석
자기 오줌을, 똥을 묻히기 시작했다.
바닥을 기는 10개월 아기가
그 똥을 먹으면 큰일.
오랜만에 가족들이 한자리에 모였다.
봄이의 노후를 돌아가며 책임지자고 나는 말했다.
봄이의 행동은 날 좀 보소, 하는 거라며
봄이를 쓰다듬던 딸은
자기도 아기가 있어
봄이를 데려갈 수 없다고 했다.
신랑은 여행을 가서
자연스럽게 유기를 하자고 했다.
오늘도 창틀에 앉아
하루 종일 창밖만 바라보는 봄이는
마지막 선물인 듯 침대 밑에
자기의 똥을 숨겨 놓는데.

읽힌다

얼굴이 푸르딩딩한
목에 푸른 점이 선명한
인니의 마사지사,

내 몸을 더듬더듬 읽는다.
희미한 족적을 구석구석 밟는다.

사랑이 숨어 있는
나이테의 주름에서
여러 차례 밑줄을 긋는다.

여태껏 소화 못하고 기억하는
슬픔의 한 지점에서
뻥 뚫리는 눈물.

산전수전을 다 겪은 인생이
몸의 독을 흡수한 시바 신에게
만 삼천 원을 지불한다.

쥐약

삘릴리 보리피리를 읽다 잠이 들면
어김없이 발에 쥐가 찾아오고
비로소 육남매의 막내인 나
온가족의 관심을 받는다.

나는 몸속 쥐가 고마워
쥐약을 묻힌 콩을 먹는다.
어머니는 기겁을 하고
찬물 한바가지를 먹인다.

쥐는 내 흉몽을 수시로 갉아 먹고
우리 집 고양이는 발광을 한 채
킁킁거리며, 냐옹거리며
머리맡에 엎드려 사냥 자세를 취한다.

삘릴리 보리피리를 불다 잠이 든 날
불쑥 쥐가 발바닥 한가운데를 간지럽힌다.
귀한 대접을 받는 먼 나라 쥐 사원으로
떠나겠다며, 내게 시 한 편 선물한다.

조치원역에서

떠난다는 것은 다시 돌아오기 위해서라고 소리치며
아침 6시 13분, 어둠을 뚫고 기차가 들어온다.
뿌우웅 경적을 울리며 치익칙 역으로 돌아온다.
이번 역은 조치원, 조치원역입니다. 내리실 문은 왼쪽입니다.
왼쪽 출구에 줄을 서자 애인이 귓속말을 한다.
역 주변의 출산율이 왜 높은지 아느냐고 농을 던진다.
6시 13분 경적소리에 잠에서 깬 사람들이
그 시간에 다시 잠들 수 있을까?
우리도 역 주변에 방 하나 얻어 볼까?
아침 햇빛 속으로 주먹만 한 연분홍 복숭아들
주렁주렁 제 모습을 드러내며 웃고 있다.

보이지 않는다고 사라진 것이 아니라던 애인이
만져지지 않는다고 없는 것이 아니라며 내 손을 쥔다.
한때는 별을 보려고 어둠을 기다린 적이 있다.
지금은 북극성이 하나가 아니라는 것을 안다.
새로운 별이 북극성에 올랐다는 것도 안다.
북극성은 생각보다 밝지 않다는 것까지 안다.

기차에서 내려 조치원역 광장에 서면 안다.
낮에도 반짝이는 별이 있다는 것을.
태양은 언제나 저 자리에서 빛나고 있다는 것을.

한 알의 모래를 보탠다

염소 울음소리 닭 홰치는 소리
웅얼웅얼 코란 읽는 소리
여행객 숙소 아침을 빗자루질한다.
새벽 4시 반, 쓰레기 처리장에 사는
빈자들에게 줄 도시락을 포장한다.

울퉁불퉁 길 양쪽으로 끝없이 펼쳐지는
칼자국이 선명한 희끄무레한 고무나무들
기다란 자루 하나씩 매달고 있다.
덜커덩덜커덩 나는 공중부양을 한다.
주먹밥과 유부튀김도 덩달아 솟구쳐 오른다.

저곳에서 아이가 생긴다면 100리는 도망갈 거야.
누군가의 이야기에 갑자기 침묵한다.
비쩍 마른 사내들과 아이를 양손으로 안은 아낙들이,
까르르까르르 벌거벗은 조무래기 아이들이,
거듭되는 침묵 앞에서 하얗게 웃는다.

비굴하거나 부끄러운 기색 하나 없이

보시의 기회를 주었으니 감사하라는 듯
지난 먼 어느 날에 받은 은혜를 갚으라는 듯
당당하게 줄 서서 오는 부탄의 탁발승처럼
맡겨놓은 듯 제 음식을 찾아간다.

번제

머리에 붉은 꽃을 꽂은 황소 세 마리가, 얼굴과 귀를 밤새도록 핥은 후 암자로 들어왔다는 시인 스님. 일 년에 한 번씩 직장을 옮기는 시인. 돈을 좇겠다며 시를 접은 시인. 시를 쓰겠다고 돈을 접은 시인. 돈도 안 되는 농사를 짓고 있는 시인. 모임 때마다 늘 늦게 도착하는 시인. 오십 넘어 시에 미쳤다는 시인이 화톳불 가에 빙 둘러 앉는다. 아브라함이 100살에 얻은 이삭을 장작더미 위에 올리는 심정으로 우리는 시집 한 권을 장작 더미 위에 올린다. 우리의 시가 불꽃처럼 타오르기를, 들꽃처럼 번지기를 바라며 시보다 춤이라는 시인이 시집 위에 와인을 붓는다. 두 손을 휘적이며 헌무를 춘다. 어둠 핥으며 불꽃이 쓰고 있는 전언을 우리는 제각각 세치 혀로 해석을 한다. 누군가 장독 옆에서 쑥부쟁이 한 다발 꺾어와 툭 불 속에 던진다. 시노래 가수가 노래를 부르는 동안, 우리는 주거니 받거니 술을 마신다. 한 시인이 자기 시를 낭독하는 동안, 각자 잘 읽은 고기를 쌈에 싸 먹는다. 가수는 눈을 감고 노래를 부르고, 시인들은 대하가 몸을 구부리고 붉게 익는 시간을 견딘다. 나는 공연히 붉게 타고 있는 숯불 속을 뒤적인다. 시집이 타버린 붉은 꽃 속에서 사리처럼 빨갛게 대못 하나가 빛나고 있다.

이카루스의 항변

아버지, 낮은 곳도 높은 곳도 말고
그저 중간쯤 아버지 뒤만 따르라고요?
커다란 날개를 주었으니 활공만 하라고요?
나의 풍덩을 사람들은 모르는 척할 거라고요?

아버지, 보세요! 태양 앞 구름판
박차고 다이빙하는 나의 모습을!
중력의 품으로 뛰어드는 수직의 나를!
바닥을 밟고 수면 위로 솟구치는 나를!

꼭꼭 숨어라 머리카락 보일라
— 코로나 19

밖으로 나가면 죽는

이것은 게임.

여기 저기서 꽃 술래 펑펑

못 찾겠다 꾀꼬리 외쳐도

꼭꼭 숨어야 하는 게임.

임신이라도 한 듯 조심조심

둥글게 익어야 하는.

신흥리 큰샘

할머니는 말씀하셨지.
열여섯 나이에 시집을 왔단다.
조치원 큰말이라 부르던 새터였단다.
동네에는 야트막한 안산이 있었고
산자락 끝에 샘이 하나 있었지.
그 샘을 큰샘이라 불렀단다.

매운 시집살이에 친정엄마가 눈에 밟혀
아침밥을 짓다 말고, 슬리퍼 신은 채로
새터길 달음박질했단다.
문득 백관 길로 가다 주변을 보니
여기도 복숭아밭, 저기도 복숭아밭
연분홍 복사꽃이 흐드러지게 피어 있었지.
상촌 길로 가도 복숭아꽃, 승적골로 가도 복숭아꽃.
창고개, 뜸옥골, 청거리로 가도 복숭아꽃.
봉산리 내칭이로 가도 복숭아꽃 천지였단다.
아홉 거리 어디를 가도 여기가 바로 무릉도원이었지.
그 자리에 주저앉아 하염없이 구경을 했단다.
장등 고개길에서 문득 정신을 차려보니

저 멀리 청주 친정집이 보였단다.
그 순간 왜 시부모님이 생각났는지.
큰 샘물로 만든 두부 맛이 떠올랐는지.
부리나케 큰배미 논둑길을 달렸단다.

안산에는 까만 눈 작은 뱁새들이
비비배배 포릉포릉 날아다녔지.
노오란 나비랑 앞서거니 뒤서거니
아카시꽃 향기를 지나쳤단다.
으름덩굴 암꽃 수꽃은 넓죽하고 길쭉하고
애기똥풀 앙증맞게 피어 있는 길을
온몸이 흠뻑 젖도록 뛰어왔단다.

아침상을 물린 시어머니는
내 손을 잡고 큰샘으로 가셨지.
시원한 샘물 한 바가지 퍼주시며
이 물맛을 잊을 수 있더냐고
아카시 줄기 잎을 떼더니 어린 며느리
긴 머리 풀고 곱슬파마를 해주셨지.

〉

신흥리 사람, 침산리 사람 식수며 빨래까지
펑펑 써도 마르지 않던 샘.
뱁새들도 황금 날개깃을 적시고 가던 샘.
물이 부드러워 비누가 필요 없던 샘.
목욕하면 피부병도 씻은 듯이 낫던 샘.
두부를 만들면 맛이 기가 막히게 좋았던 샘.
국수를 부드럽게 호르록 먹게 하던 샘.
낮에는 남자들이 등목하고
밤에는 여자들이 목욕하던 곳.
둥둥둥 북을 치고 닐리리 피리를 불며
나라 사람 동네 사람 무사태평하라고
칠월칠석날 샘제를 지내던 곳.
청소하려고 물을 다 퍼내면 어디서 들어왔는지
붕어며 송사리가 바글바글 넘치던 곳.
겨울에는 김이 모락모락 나서
고무장갑이 필요 없던 샘.
지금은 땅속에 잠들어 있는 샘.
그 샘 다시 터지기를

죽기 전에 그 물맛 볼 수 있기를
할머니는 두 손 모아 빌으셨지.
신흥리 큰샘 물맛은 천상의 맛이었다고.

오봉산 타령

양산을 활짝 펴고 앉아 용트림하는
봉산동 자단향나무 푸른 향이 온 마을에 퍼진다.
돌아가신 아버지가 그리워 나무를 심고
아버지의 선행을, 효행을 떠올렸다는 내력을 듣는다.
강화 최씨 유물유적 이야기를 들으며 산을 오른다.
두루봉 자락 커다란 구멍은
장군이 용출한 장군터.
일제에 의해 바위는 깨졌지만
입에서 입으로 전하는 이야기.
장군은 한 아름의 나무도 가볍게 뽑았단다.
한번 뛰어 오르면 내창천 바닥에 닿았단다.
그 발자국은 1척 이상 패였단다.
두 번째 뛰어오르면 청주 팔봉산까지 갔다 왔단다.
3.1운동 당시 오봉산에 봉화를 피운
봉산리 애국지사들의 이야기가 무르익는다.
중턱 약수터에는 가뭄에 기우제를 지내고
마을사람 건강하게 해달라고
이 나라의 무사태평을 기도했지.
오봉산 봉우리마다 흔들흔들 백도라지.

산자락 계곡의 누치 쏘가리.
영험한 기운 먹고 임금님 수랏상에 올라갔지.
정상봉, 우각봉, 성주봉, 두루봉, 수형봉.
다섯 봉우리 소나무와 잣나무 초록 사이
동시에 태양이 뜬다, 만월이 차오른다.
봉황새, 풍년새 온갖 잡새가 날아들면
이곳은 새로운 나라가 세워진다는 전설.
그 나라는 오래오래 지속된다는 이야기.
온 도시로 퍼져 나간다.

첫사랑

그해 여름 나는 연두색 유충이었고
당신은 옥색 나비였을 때였습니다.
햇살의 날개가루를 묻힌 숲이
온통 반짝이고 있었습니다.
당신은 이 꽃 저 꽃 꽃가루를
묻히고 있었습니다,
눈부신 턱시도를 한 채.

나는 연두색 나뭇잎을 갉아먹었고
당신은 꽃마다 골고루
긴 대롱을 꽂았습니다.
4월에서 8월 내내 나는
눈멀어 당신 날개를
한 번도 만져보지 못했습니다.
입추를 하루 앞두고 나는
당신을 방에 가두었습니다,
이중 삼중의 자물쇠로.

소설이 지난 어느 날 문득

나는 내 비밀 방을
찰칵, 열어 보았습니다.
아뿔싸, 당신은 어디로 갔나요?
방을 통째로 짊어지고
어디로 날아갔나요?
옥빛 날개 가루도,
당신도, 방의 그림자도
보이지 않는 이곳은 어떤 지옥인가요?

내게는 당신과 내가
한 몸이 되고자 했던
영원한 방이 하나 있었습니다.
당신 꿈과 내 꿈 사이를 날아다니는
산제비나비 한 마리 있었습니다.
당신 날개 소리가
메아리가 되어 내 마음에
그늘을 만들고 있었습니다.

시인과 농부
— 자연농법

비닐하우스 속 풀을 안 뽑아
풀숲이 되었다
그 숲에 고라니가 새끼를 낳았다.

어느 날 풀을 베어나가자
어디선가 빼액 빽 소리가 났다.
후다닥 어미 고라니가 달아났다.

젖을 먹던 새끼 고라니
눈을 동그랗게 뜨고
빼액 빽 나가라고 소리쳤다.

하우스 안에 심을 요량이던
양파며 마늘이며 배추를
급기야 이웃집 밭을 얻어 심었다.

제3부
시극

아홉 거리에서 신랑이 바뀐 줄도 모르고

등장인물: 사회자, 양반집 딸, 농부의 딸, 가마꾼 8명, 풍물패 등

〈1막〉

S#.1 청거리 시장 (낮)

사회자: 조치원 속담 중에 '아홉 거리 같다'라는 말이 있는디 들어 보셨나유?

뭔가 상황이 복잡하게 얽혀 있을 때 '아홉 거리 같다고 하는디유.

아홉 거리는 아홉 군데서 사람이 오는 길이 있다 하여 붙여진 이름이구먼유.

새터, 백관, 상촌길, 승적골, 창고개, 뜸옥골, 청거리, 봉산리, 내칭이가 연결되는 이 아홉 거리 중 청거리 시장은 전국에서 몰려드는 장사꾼들로 늘

북적거렸지유.

장날이면 어김없이 놀이패들도 와서 공연을 하곤 했는디유.

이 아홉 거리에서 신랑이 바뀌어 팔자 또한 바뀌어버린 두 여자가 있구먼유.

자, 그럼 오늘의 이야기 「아홉 거리에서 신랑이 바뀐 줄도 모르고」 시작해유.

(왁자지껄 풍장 소리가 나면서 청거리 시장으로 꾸민 무대가 환해진다.

무대 양쪽으로 이정표가 서 있다.

하나는 '청주 가는 길'이고 다른 하나는 '전의 가는 길'이다.

풍장패의 공연이 한참 동안 펼쳐진다.

상쇠가 꽹과리를 치면서 상모를 무대 가득 돌리면서 한바탕 재주넘기를 한다.

어름산이의 외줄타기 공연도 흥을 북돋는다.

풍장패는 화면 속으로 들어가 계속해 공연을 하고 화면으로 그들의 공연 모습이 실루엣으로 비춰진다.

무대 중앙으로 한 대의 가마가 등장한다.

가마에는 '청주 양반집행'이라는 글자가 붙어 있다.

가마 문을 열고 양반집 딸이 손을 흔든다.

가마꾼들이 가마를 바닥에 내려놓고 화면 속으로 들

어간다.

풍장패 공연에 맞춰 덩실덩실 춤을 추며 풍장패들과 함께 술을 마신다.

가마 문을 활짝 열며 양반집 딸이 무대 중앙으로 나와 노래한다.

노래를 마치면 가마 속으로 다시 들어간다.)

양반집 딸 노래 1
— 나는 꽃

1.

나는 꽃, 꽃보다 예쁜 꽃이라고
아버지는 늘 말씀하셨네.
모란보다도, 장미보다도
이 세상의 어떤 꽃도
천상의 어떤 꽃도
나보다 예쁠 수는 없을 거라 하셨네.

손에 물 한 방울 묻히지 않은 나는
옥이야 금이야 귀한 공주 양반집 딸.

태어나자마자 아버지의 친구 아들
양반집 도련님과 약혼 계약을 맺었네.
어느날 갑자기 하루아침에 아버지는 역적이 되고
집안은 풍비박산이 되었네.

2.

가족들은 뿔뿔이 흩어지고
나는 약혼한 집에 시집을 간다네.
얼굴 한번 못 본 사내에게
갑자기 시집을 간다네.
얼굴은 어찌 생겼을까?
설마 바보는 아니겠지?
동네사람 아무도 모르게
몰래 시집을 간다네.

어떻게든 살아남으렴.
귀하디 귀한 내 딸아.
그러면 우리는 다시 만날 수 있을 거다.
어머니, 아버지 눈물을 뒤로
청주 사는 양반집 며느리로
나는 오늘 시집을 간다네.
내 낭군님을 내가 직접 고르지 못하고
부모님이 정해준 곳으로 시집을 간다네.

S#.1과 같은 무대

(무대 중앙으로 또 한 대의 가마가 도착한다.

앞의 가마와 생김이 똑같이 생겼다.

가마에는 '전의 박 부잣집행'이라는 글자가 붙어 있다.

가마 속에서 초라한 농부의 딸이 손을 흔든다.

가마꾼들이 가마를 앞의 가마 옆에 나란히 내려놓는다.

그리고는 풍장패 공연에 맞춰 덩실덩실 춤을 추면서 화면 속으로 들어간다.)

가마꾼 1: 어이! 여보게들! 잘 있었는감?

가마꾼 2: 자네들 형편은 좀 나아졌는감?

가마꾼 3: 오늘은 어디로 가는감?

가마꾼 4: 우리는 전의 박 부잣집에 가는디 자네들은?

가마꾼 1: 우리는 청주 양반집에 간다네. 전의 박 부잣집이면 그 유명한 바보가 사는 집 아닌감?

가마꾼 3: 에고. 쯧쯧. 그렇다네. 용담리 그 이쁜 처자가 거기로 시집을 간다는구먼!

가마꾼 2: 청주 양반집으로는 어느 처자가 가는감?

가마꾼 1: 공주에서 자린고비로 유명한 양반이 있는 디 그 집 아가씨이네.

가마꾼 1, 2, 3, 4: (귓속말로 속닥속닥) 그러니께니 이렇게 바꾸고 저렇게 바꿔설랑 그럼세. 까짓 거 그리함세.

('가마꾼 1' 이 무대로 나와 가마에 붙은 글자를 떼어 바꿔 붙이고 화면 속으로 들어간다.

가마 문이 열리면 가마 속 농부의 딸이 무대 중앙으로 나와 노래를 한다.

노래를 마치고 농부의 딸은 가마 속으로 다시 들어간다.)

농부의 딸 노래 1
— 나는 들판의 풀꽃

나는 들판의 풀꽃.
있는 듯 없는 듯
들판 한구석
이름도 없는 그냥 풀꽃.
오늘 갑자기 시집을 간다네.
전의 부잣집 아들 바보에게.

나는 가난한 농부의 딸.

감자 한 알이 한 끼의 식사였네.
낮에는 하루종일 일하고
밤에는 삯바느질을 해도
쌀밥을 먹을 수는 없었네.
우리 집은 금남면 용담리
다 쓰러져가는 허름한 초가집이네.
이 집을 벗어날 수 있는 길은
시집을 가는 일 뿐이네.
전의 사는 박 부잣집 아들 바보에게
오늘 밭 한 뙈기에 팔려 시집을 간다네.

아버지는 말씀하셨네.
눈 딱 감고 너 하나 시집가면
줄줄이 네 동생들이
배를 곯지는 않겠구나.
양반집으로 시집을 가고 싶어
남 몰래 천자문을 읽던 딸아.
뱁새가 황새를 흉내 내면 가랑이가 찢어진다지 않던?
이 나라에서 양반은 정해져 있는 거란다.
우리 같은 신분은 넘볼 수 없는 거란다.
어찌하겠느냐? 착한 내 딸아.
어머니는 내게 등을 보이고 앉았네.

〈2막〉

S#.1과 같은 무대 (어둑어둑 저녁)

가마꾼들: 에그머니나 벌써 시간이 이렇게 되었는감?
이러다가 혼례에 늦겠구먼. 어여어여 서둘러 감세

('청주 양반집행' 가마꾼들은 '전의 박 부잣집행' 가마를 메고 청주 가는 길로 사라진다.
'전의 박 부잣집행' 가마꾼들은 '청주 양반집행' 가마를 메고 전의 쪽으로 사라진다.)

사회자: 아니 아니 저 가마꾼들 보셨나유?
이런 이런 가마를 바꿔 메고 가버리네유!
공주 사는 양반집 딸은 '청주 양반집'으로 시집을 가야 하는디, 공주 가마꾼들은 '전의 박 부잣집행' 가마를 들고 청주 가는 길로 가버렸구먼유.
금남면 용담리 농부의 딸은 '전의 박 부잣집'으로 시집을 가야 하는디, 가마꾼들은 '청주 양반집행' 가마를 들고 전의 가는 길로 가버렸으니, 에고 에고 이를 어쩌면 좋나유?
두 여자의 운명이 가마꾼들에 의해 이 아홉 거리에서 바뀌어버렸습니다유.

〈3막〉

S#.2 전의 박 부잣집 (초저녁/마당)

(풍물소리가 흥겹다. 무대 중앙으로 혼례상이 차려진다.

동네 사람 역할로 관객들을 올려 세운다. (동네 사람 1, 동네 사람 2, 동네 사람 3. 등)

혼례상 앞으로 혼례복을 거꾸로 입은 바보가 음식을 집어 먹고 있다.

'띠리리리 영구 없다'와 같은 바보 모습을 한참 보여준다.)

사회자: 여기는 전의 박 부잣집이에유.
시골 농부 딸이 시집오기로 되어 있지유?
옷을 거꾸로 입은 저 바보 사내가 오늘 신랑이구먼유.
어이! 거기 신랑님! 인사 한번 멋들어지게 해 봐유.

(무대에서 바보 흉내를 내며 신랑이 바보 춤을 한참 춘다.)

바보 신랑: 나 오늘 장가간다. 용용 약 오르지? 우리 색시 오면 내가 매일 업어 줄 끼다.

(박 부자는 그런 아들을 보며 쯧쯧 혀를 찬다.)

사회자: 아, 드디어 신부가 탄 가마가 도착하네유. 찢어지게 가난한 시골 농부의 딸이니 행색이 보나마나 초라하겠지유?

아니 아니 이게 아닌디,

시골 농부의 딸이 와야 하는디,

아홉 거리에서 가마가 바뀌어 공주의 몰락한 양반집 딸이 여기로 와 버렸구먼유.

(가마에서는 화려한 옷을 입은 아가씨가 내린다.
박 부자, 바보 아들, 동네 사람들 모두 놀라 쳐다본다.
박 부자는 좋아라 박수치며 사회자를 보고)

박 부자: 어, 거기 사회자 양반, 어서 어서 번갯불에 콩 구워먹듯이 이 결혼식을 빨리 올림세.

사회자: 아 예, 예, 에 그러니께니 자 지금부터 두 사람의 결혼식을 번갯불에 콩 구워먹듯이 빨리빨리 시작하것슈.

(흥겨운 풍물놀이 공연이 펼쳐진다.)

사회자: 먼저 신랑 입장이 있겄습니다유.

(바보 신랑이 음식을 먹다 말고 바지춤을 비틀면서 헤헤거리며 나온다.)

사회자: 다음은 신부 입장이 있겠습니다유.

(신부 옷을 입은 예쁜 처녀가 입장을 한다.
동네 사람들 부지런히 연지 곤지 딱지를 신부에게 붙여준다.)

사회자: 먼저 두 사람은 세숫대야에 깨끗하게 손을 씻어야 하는디, 결혼식을 후딱 해야 하는 관계로 생략해부리고 신랑 신부 서로 맞절을 하겄습니다유.

신부는 신랑에게 2배 하시유.
신랑은 답배로 1배를 하시유.
신부는 재배로 2배 하시유.
신랑은 재배로 2배 하시유.

(신랑은 신부가 절할 때마다 따라 한다.)

사회자: 자 그라믄 이것으로 신랑 신부는 천지신명과 여러 관객들 전에 부부의 연을 맺었습니다유.

신랑 신부는 술을 반쯤 마시고 교환해 나머지 술을 다 마시도록 하시유. 다 마셨는감유?

신부가 못 마시면 신랑이 대신 마셔봐유.

그라믄 이제 신랑 신부는 부모님께 절을 올리세유.

오늘 이렇게 많은 하객 분들이 와 주셔서 감사합니다유.

신랑 신부는 이제 하객들을 향해 큰절 올리세유.

자 그라믄 오늘 두 사람의 결혼식이 후딱 번갯불에 콩 구워먹듯이 끝나버렸구먼유.

(신부가 무대 중앙으로 나와서 노래한다.)

양반집 딸 노래 2
— 어디서 잘못된 걸까?

하늘이시여! 제게 어찌 이런 일이 생기나요?

평생을 함께할 사람이 바보라니요?
어디서 잘못된 걸까요?
남의 눈에 눈물 나게 하지 않았고
잘난 척하지 않았으며
세상을 비딱하지 않게 살았는데
이 무슨 운명의 장난인가요?
말귀도 못 알아듣는 사람이
단춧구멍도 제대로 못 맞추는 사람이
저의 평생의 반려자라니요?
아버지! 어머니! 어쩌면 좋아요?
당장 집으로 돌아가고 싶은데
돌아갈 집도 없으니
어쩌면 좋아요?
아버지! 어머니! 어디 계시나요?
제 소식은 듣고 있나요?

〈4막〉

S#.3 청주 양반집 (초저녁/ 마당)

(풍물놀이 공연이 흥겹다, 혼례상이 차려진다.)

사회자: 여기는 청주 양반집입니다유. 오늘 저 결혼식 두 탕을 뛰니 아주 바쁘구먼유. 이곳으로 시집오기로 되어 있는 사람은 누구지유?

네 맞구먼유. 여기로 시집 올 사람은, 역적으로 몰려 하루아침에 몰락한 공주 양반집 댁 따님이었지유?

저렇게 잘 생긴 신랑과 결혼식을 올릴 아가씨가 타고 있는 가마가 방금 도착했습니다유.

아니 그런디 저 저 아가씨는 양반집 따님이 아니라 시골농부의 딸 아닌가유?

네. 맞구먼유. 아홉 거리에서 바뀐 가마가 맞구먼유. 이걸 워짠디유?

청주 양반: 고생 많았다. 아가야. 어서 오거라! 그동안 맘고생이 많았나 보구나.

어서 이 옷으로 갈아입고 결혼식을 올리자꾸나. 친정 일은 다 잊어라. 살다보면 좋은 날이 오지 않겠니?

사회자 양반 우리도 어서어서 결혼식을 올림세.

사회자: 네 알겄습니다유. 그라믄 오늘 선남선녀의 결

혼식을 시작하겠습니다유.

먼저 신부 입장이 있겄슈.

다음 두 사람은 세숫디야에 깨끗이 손을 씻어 보시유.

다음은 신랑 신부 서로를 향해 맞절이 있겄습니다유.

그라믄 이것으로 두 사람은 천지신명과 조상님 전에 부부의 연을 맺었습니다유.

신랑 신부는 술을 반쯤 마시고 교환해 나머지 술을 다 마시겄습니다유.

신랑 신부는 부모님께 절을 올리세유.

오늘 이렇게 많은 하객 분들이 와 주셨는디, 신랑신부는 하객들을 향해 큰절 올리세유.

이제 두 사람의 결혼식이 후딱 끝났구먼유.

농부의 딸 노래 2
— 내겐 너무 과분한 사람

하늘이시여. 감사합니다.

하루아침에 하늘에서 복이 넝쿨째 떨어졌네요.

제 팔자에 저런 훌륭한 신랑을 만나다니요?
이렇게 좋은 집, 양반 가문에
저렇게 잘 나고 착한 사람이 내 남편이라니요?
내겐 너무 과분한 사람, 사랑해요. 감사해요.
언제나 꿈꾸던 양반이 하루아침에 되다니
나를 등 떠밀어준 아버지
모른 척 등만 보이던 어머니
사랑합니다. 감사합니다.
하늘이 맺어준 이 인연
소중히 생각할게요.

〈5막〉

S#.4 공주의 양반집 (점심/ 안), 용담리 시골 집(점심/안)

(가마 한 대는 '공주행', 다른 하나는 '금남면 용담리행' 팻말을 달고 청주 양반집 며느리는 '공주행' 가마에 오른다.

공주 양반집 기와집에 도착하자 공주 양반 아버지, 어머니 모두 놀란다.

전의 박 부잣집 며느리는 '금남면 용담리행' 가마에 오른다.

용담리 시골 농부 집에 도착하자 용담리 농부집 가족들도 모두 놀란다.)

사회자: 시월은 흘러 흘러 공주에 사는 양반은 역적의 누명을 벗게 되었습니다유.

이 소식을 들은 청주 양반 친구는 기쁜 마음에 며느리를 공주 친정에 보내주게 되었구먼유.

전의 박 부잣집에서도 모자라는 신랑과 사느라고 매일 밤마다 눈물을 흘리는 며느리가 불쌍해서 금남면 용담리 친정으로 나들이를 시켜줍니다유.

친정 나들이를 한 두 며느리는 친정집에 도착하자 깜짝 놀랐겠지유? 친정 부모님도 놀라버리구, 동네 사람들도 놀라버렸겠지유?

먼저 공주 친정에 온 며느리는 누구이지유?

그러니께니 청주 양반집에 시집간 것으로 알고 있는, 이 집 딸이라고 가마에서 내린 색시는 바로 귀하디 귀한 이집 양반집 딸이 아니라 금남면 용담리가 친정인 농부의 딸이지 뭡니까유?

공주 양반집에서는 무슨 영문인지를 몰라 모두들 기가 막혀 얼음땡처럼 서 있을 뿐입니다유.

또 저쪽 한 번들 보셔유.

금남면 용담리 농부집이 친정이라고 알고 도착한 며느리는 누구이지유?

이집 농부의 딸이 아닌 공주 양반집 딸이지 뭡니까유? 에고 에고 복잡하다.

여러분도 헷갈리시지유?

친정집이라고 알고 용담리 농부 집에 도착한 공주 양반집 딸은, 청주 양반집으로 시집을 가기로 했었잖아유?

근디 청주 양반집으로 시집을 강게 아니라, 그러니께니 전의 박 부잣집 바보에게 시집을 갔으니, 얼마나 기가 맥히고 코가 맥혔겄시유?

자기 딸이 아닌 모르는 처자가 친정집이라고 와서 떡 서 있으니 농부 부부도 깜짝 놀랐습니다유.

농부 딸 노래 3

— 당신 뜻대로 하오리다

아홉 거리에서 뒤바뀐 운명
그것은 우리의 운명
하늘의 뜻인 줄 압니다.

귀한 신분에 인물 좋고 품성 좋은
당신을 만나 하루하루 행복했어요.
꿈속에서도 그리던 일상들,
아침에 일어나면 화선지에 난을 치고
저녁에는 알록달록 예쁜 색실로 수를 놓는
꿈만 같은 나날들이었어요.
당신은 아닌가요?
나만 행복했나요?
당신이 행여 운명을 바로잡자 하시면
그 또한 내 운명일 테니 받아들일게요.
당신과 함께 산 3년, 꿈이 아니기를
꿈이면 깨지 말기를 부디 바랍니다.

양반집 딸 노래 3
— 내 뜻대로 하오리다

금이야 옥이야 꽃이던 나.
아버지 어머니의 꽃이던 나.
그림처럼 집안을 장식했었지.
이제 난 더 이상 꽃이 아니네.

내 삶은 내가 선택하려네.
비록 처음 내 운명을 정한 건
부모님이었지만, 하늘이었지만,
이제는 내가 내 운명을 선택하겠네.
세상 사람들이 바보라고 놀리는 신랑
내 사람이 되었네.
내 사랑이 되었네.
뒤바뀐 운명도 운명 아닌가.
나는 다시 바꾸고 싶지 않네.
나는 기꺼이 평강공주가 되려네.
그분은 온달장군이 되어
세상 어디에 내놓아도 부끄럽지 않은
이 나라의 보물이 되게 하겠네.

사회자: 뒤늦게 가마가 바뀐 사실을 안 양쪽에서는 어떻게 수습해야 할지 난감했겄지유?

이렇게 복잡한 일이 오래전 조치원 이곳 아홉거리에서 일어났구먼유.

이 이야기 후에 조치원 사람들은 뭔가 복잡한 일이 생기면 '아홉 거리 같다'고 했지유.

그라믄 가마꾼의 실수로 두 여자들의 삶이 바뀐 이 이야기의 결말은 어떻게 됐을까유?

다시 남편을 바꿔야 할지 아니면 그냥 살아온 대로 살아야 할지 여러분이라면 어떤 선택을 하시겠습니까유?

자 그럼 공연장을 나가시기 전에 포스터에 스티커로 여러분의 생각들을 표현해주시기 바랍니다유.

오늘 이야기 끝.

대왕의 눈물, 세종시에 스미다

〈1막 대왕의 고뇌〉

S#.1 근정전 (저녁/ 안)

(배경 그림은 샌드 아트 또는 그래픽 영상으로 세종시 청사 모습, 호수공원, 금강 등 아름다운 세종시의 현재 모습을 보여준다. 그러다가 말이 줄지어 달리는 모습과 함께 빠른 대북소리가 나면서 영상은 조선시대 모습으로 바뀐다.

조선시대 왕궁(경복궁, 경회루, 덕수궁, 종묘, 창덕궁, 동대문, 서대문, 창의문, 남대문, 남한산성, 독립문 등)의 사진이 지나간다. 그러다가 근정전의 모습에서 멈추고 어좌 뒤로 일월오봉도 병풍이 보인다. 병풍 위로 별 하나가 빛나고 있다. 바로 '7365 SEJONG'이라고 이름 지어진 별이다. 그 별을 소헌왕후가 외로이 바라보고 있다.)

내레이션: 안녕하세요? 반갑습니다. 오늘 오신 여러분들에게 퀴즈 하나 내겠습니다. (관객 대답에 따라 자유롭게 멘트) 5월 15일이 무슨 날인지 아시나요? (관객 대답: 스승의 날이요) 네 맞습니다. 5월 15일은 스승의 날입니다. 바로 세종대왕이 태어나신 날입니다.

한글을 창제하신 세종대왕이야말로 우리의 영원한 스승이라는 뜻이지요. 그럼 세종이라는 별 이름이 있는 것도 아시는지요?

1997년 말 세종대왕 탄신 6백 돌을 맞아 어느 천문학자가 발견한 'QV1'이라는 소행성에 '7365 SEJONG'이라는 이름을 붙여 세계 천문학계에 공포했습니다.

우리 역사상 가장 위대한 임금으로 평가를 받는 세종대왕의 가장 큰 업적은 한글창제일 겁니다. 『세종실록』에 의하면 한글창제 무렵에는 운동은 아예 안하고 밤낮으로 한글창제를 위해 고심해서 앞이 거의 안 보이는 지경까지 이르렀다고 합니다.

온갖 방법을 동원해 치료했지만 차도가 없고 정사를 돌볼 수 없게 되었다고 합니다. 오늘의 이야기는 1443년 한글을 완성하신 이듬해 앞을 거의 볼 수 없게 된 때인 1444년의 이야기입니다.

(세종대왕이 앞이 안 보이는 모습으로 지팡이를 짚고 걸어 나와 더듬더듬 어좌에 앉아 고뇌에 찬 얼굴을 한다. 한글창제는 했지만 이것을 실험해봐야 하는 과제가 남아 있고, 집현전 학자들과의 갈등과 왕비인 소헌왕후 친정의 몰락으로 인한 왕비의 가슴앓이 등이 걱정인 '대왕의 고뇌'를 무용수들이 등장해 공연한다.)

대왕의 눈물

어젯밤 꿈을 꾸었지.
사방팔방이 안개로 덮인 숲을
이리저리 헤매고 있었지.
꿈에서도 기도를 했지.
천지신명이시여!
제 시력을 돌려주소서.
백성들이 자신의 생각을
글로 표현할 수 있는 세상을 만들게 하소서.
세상의 모든 지식을 우리 백성들과

함께 나누게 해 주소서.
완성한 글을 시험해보고
선포하게 해 주소서.
그러면 저의 남은 목숨을
기꺼이 천지신명께 바치겠나이다.
천지신명이시여!
저의 기도를 들어주소서.

어젯밤 꿈속은 참으로 신기했지.
기도가 끝나자 한줄기 바람이 불어왔지.
바람은 점점 힘차게 불어오더니
희뿌연 안개가 걷히었지.
눈앞이 훤하게 잘 보였지 보였어.
아침은 허무하도다. 꿈은 그냥 꿈이란 말인가.
여전히 눈앞은 안개로 희뿌연하구나.
천지신명이시여! 세상의 모든 지식을
만백성과 함께 나누게 하소서.
사나흘이면 누구나 읽고 쓸 수 있는
글을 완성하게 해 주소서.
그때까지만 저의 시력을 돌려주소서.
그러면 저의 남은 목숨을
기꺼이 바치겠나이다.
천지신명이시여! 제발

저의 눈물을 받아주소서.

소헌왕후의 노래
— 사부곡

아버지 그리운 나의 아버지.
이 못난 딸이 왕비가 되던 날
기쁨을 감추고 걱정하던 아버지.
자랑스러운 사위 세종의 즉위 사실을 알리러
사은사로 명나라에 가신다고 기뻐하셨지요.
마른하늘에 날벼락이라더니
이게 무슨 일이랍니까?
마흔 넷, 젊은 나이에 아버지는
저 먼 나라로 떠나셨군요.
귀국하자마자 억울하게 돌아가셨군요.
이 모든 원인이 제가 왕비인 까닭이지요.
아버지 사랑하는 아버지
이 못난 딸을 용서하지 마셔요.
아버지를 구하지 못한 사위는
바로 이 나라의 국왕입니다.

그래서 저는 왕을 미워할 수 없답니다.
못난 이 딸은 아버지에게 사약을 내린 시아버지를
지극정성으로 모셔야 하는 며느리랍니다.
아버지 저를 용서하지 마셔요.

사위 세종이 국왕이 되었을 때
불쾌해진 얼굴로 아버지는 말씀하셨지요.
하루아침에 8명의 후궁을 들여도
절대 투기하지 마라 신신당부하셨지요.
국모란 자리가 무엇이기에
사랑하는 아버지를 억울하게 보내고
어머니와 동생들을 관비로 만든단 말입니까?
아버지를 구하지 못한 이 딸의 무능력을 용서하지 마셔요.
저 먼 길 떠나실 때 신고 가라고
머리카락을 잘라 삼줄기와 함께
정성껏 미투리를 엮어주지도 못했네요.
갑자기 닥친 이 모든 일들에 혼이 빠져
혼자서 눈물을 훔치는 밤입니다.
아버지 손잡고 도란도란 밤새워 이야기 나누고 싶은데
아버지는 저 멀리 서쪽나라로 가셨네요.
불러도 손닿을 수 없는 곳으로 떠나셨네요.

아버지! 아버지! 너무나도 불러보고 싶은 아버지여!

사람들은 수군거립니다.
외척의 권력을 경계하려고
시아버지가 친정을 쑥대밭으로 만들었다고요.
처음엔 상왕이신 시아버님으로부터 친정을
지켜주지 못한 지아비 세종이 야속하기도 했습니다.
제가 죽은 후 '월인천강지곡' 같은 시를 지어
저의 명복을 빌어 주면 무슨 소용이란 말입니까?
투정도 했습니다. 그러나 이제 그를 믿습니다.
하루하루가 살얼음을 딛는 것 같고
심장이 타들어가 바짝바짝 목이 탑니다.
무릇 국모라는 자리는 이 나라
만백성의 어머니라 하시던 아버지!
지금 가장 긍휼히 여겨 돌보아야 할
백성 중에 한 사람이 바로 금상이라 생각합니다.
지아비인 세종을 잘 내조할게요.
불러도 손닿을 수 없는 곳으로 떠나신 아버지여!
저의 행동에 서운하실 아버지여!
아버지! 아버지! 너무나도 불러보고 싶은 아버지!
부디 부디 심온(深穩)하소서.

(어좌에서 일어난 세종임금이 희미하게 보이는 소헌

왕후를 발견하고 왕비 곁으로 더듬더듬 걸어간다. 세종 임금은 소헌왕후 손을 잡는다. 소헌왕후는 손을 뿌리치고 사라진다. 다시 어좌로 돌아온 세종이 또다시 고뇌에 빠진다.)

〈2막 대왕의 눈물을 찾다〉

S#.2 전의 초정 (새벽/밖)

(풍경은 1막의 장면을 되돌려 감기한다. 또는 조선에서 현대 세종 전의 초수로 빠른 말을 타고 돌아온다. 음악으로 빠른 가야금 산조와 아쟁, 장구와 대북소리가 빠르게 울려 퍼진다.

'전의 초수' 우물을 실제 그림 화면으로 보여주고 그림 우물에서 물을 항아리에 떠서 한지로 봉해 빠르게 임금에게 전달하는 무용이 펼쳐진다. 왕은 물을 마시고 눈을 씻는 연기와 함께 눈병이 낫는 노래 (솔로와 합창)를 퓨전국악팀과 콜라보로 보여준다. 안질을 치료함으로 한글을 시험해보고 반포할 수 있었다는 메시지를 영상으로 전한다. 한글 해례본의 아름다운 필체와 현대의 멋진 캘리그라피 화면 자료가 지나간다. 백성들은 풍년이 들고 아이들은 맘껏 뛰노는 장면을 영상으로 보여준다.)

내레이션: 전의면에는 세종대왕의 눈병을 치료해 더욱 유명해진 '초정(椒井)'이라는 우물이 있습니다. 이 우물은 2004년 3월 9일 연기군 향토유적 46호로 지정되었어요.

세종대왕이 자신의 시력에 대해 언급한 기록이 있는데, 1439년(세종 21) 6월 21일에 임금이 김돈(金敦)에게 이르기를

"왼쪽 눈이 아파 안막(眼膜)을 가리는데 이르고, 오른쪽 눈도 어두워 한 걸음 사이에서도 사람이 있는 것은 알겠으나 누구누구인지를 알지 못하겠다"라고 하였습니다. 그래서 세종은 모든 업무를 세자에게 맡깁니다. 그리고는 잘 안 보이는 눈으로 밤낮을 다해 한글창제로 고생하십니다. 그리고 1443년 드디어 한글을 완성합니다. 이때는 시력이 더욱 나빠져 앞을 거의 못 보는 지경까지 이르렀습니다.

세종 26년(1444년) 1월 27일 어떤 사람이 와 보고하기를 청주와 목천, 그리고 전의에 후추맛과 같은 약수가 있는데 여러 가지 병을 고친다고 보고를 하였습니다.

대왕은 기뻐 청주에 행궁을 짓게 하고 당장 치

료를 시작했지요. 청주의 약수는 처음에는 낫는듯 하다가 별 차도가 없었다고 합니다.

이번에는 전의 초수에 행궁을 짓고 치료를 하고자 했어요. 그러나 당시 가뭄이 심해 백성들이 고생하는 것을 알고 대왕은 행궁 짓는 것을 포기하고 다른 치료방법을 찾으라고 명했습니다.

그래서 찾은 방법이 뭐냐 하면 빠른 말과 사리에 밝은 사람을 현장책임자(감고)로 정하고 건장한 사람을 빠르게 말 타는 병사(암직)로 선발해 전의 약수터에 근무(입직)를 서게 하고, 현장책임자인 감고가 매일 해질 무렵 물을 떠 봉한 뒤 서명해 기수인 암직에게 전달하면, 암직은 하루가 지나기 전 신속하게 말을 달려 하룻밤 만에 궁궐로 들어가 왕에게 물을 올렸지요.

물의 약효가 사라지기 전 빨리 왕에게 전달해야 했기 때문에 이들은 왕궁을 출입할 때에 어떠한 검열도 받지 않고 그냥 통과가 되었다고 합니다.

이러한 방법으로 1444년 7월부터 1445년 4월까지 매일 세종대왕은 전의 초수의 물을 먹고 씻고 한 결과 1년여 만에 눈병을 완쾌했습니다.

그 후 왕의 병을 고친 전의 초수를 '왕의 물'이라 부르게 된 것이지요.

눈병을 고친 왕은 한글을 여러 가지로 시험해

보고 1446년 일반 백성들에게 한글반포를 하게 됩니다. 이 장면을 무용으로 감상하시겠습니다.

(노래「대왕의 눈물을 찾다」합창이 불리는 동안 무대에는 성군의 덕치를 증명하는 징조로 봉황 춤이 펼쳐진다. 수컷인 봉(鳳)과 암컷인 황(凰)이 서로 어울리며 봉황 춤을 춘다. 봉황이 전의 초수에 깃을 씻고 간다.)

대왕의 눈물을 찾다(합창)

해는 뉘엿뉘엿
서산으로 돌아가네.
구름도 제 집으로
부지런히 흘러가네.
고요가 깃든 우물
조심조심 물을 뜨자.
여기는 봉황이 점찍은
임금님 물 전의 초수.

훠어이 훠어이.

하늘을 나는 뭇 새들아.
잠시 동안 이 물을 먹지 말아다오.
훠어이 훠어이.
산과 들판을 뛰노는 짐승들아.
너희들도 잠시만 목마름을 참아다오.
이 물은 성군이신 우리 임금님께
올릴 성스러운 물이란다.

물을 뜨세. 조심조심
한 방울도 흘리지 말고
정성들여 물을 담세.
우리 임금님 나쁜 병
어서 물러가라고
둥근 항아리에 담고
나쁜 기운 들어가지 못하도록
희디 흰 한지에 붉은 도장을 찍네.

달려라. 백마야.
해 뜨기 전 한양으로 가자.
약의 생명이 사라지기 전에
임금님께 올려야 하느니
어서 가자. 어서 가.
물렀거라 물렀거라.

바람도 물렀거라.

이 물은 우리 임금님 물이니라.

〈3막 대왕의 눈물, 세종에 스미다〉

S#.3 근정전 (낮/안)

(「훈민정음 언해」 서문을 영상으로 보여준 후, 한글의 아름다운 필체에서 현대의 멋진 캘리그라피 자료가 지나간다. 풍년이 든 논과 밭에서 수확하는 농부들의 모습, 아이들이 신나게 뛰어노는 모습 등을 영상으로 보여준다. 특히 세종이 좋아하는 앵두나무를 백성들이 여기저기 심는 모습을 무대에서 무용으로 보여준다. 세종임금이 무대 뒤로 가서 어좌에 앉는다. 임금의 실루엣이 화면에 비친다. 합창이 시작되면 임금이 손으로 박자를 맞추며 흥을 돋운다. 화면에서는 여러 종류의 폭죽이 터진다.

무용수들이 나와서 춤을 추고, 전의 초수 물을 담은 항아리 한지 뚜껑을 열고 관객들에게 물을 한 바가지씩 떠서 나누어 준다.)

어명이다
— 대왕독창

내 눈은 이제 완전히 나았도다.
산천 초목이 선명하게 보이고
백성들이 일하는 모습도 눈물 나누나.

지금부터 전의 초수 물을
모든 백성들이 먹을 수 있도록 하거라.
어명이다. 어명이다.

에헤라디야
— 백성들 합창

에헤라 디야!
풍악을 울려라!
유리같이 맑은 물에
구름이 걸히는구나.
성군이신 우리 임금님

눈병이 나았다네.
전의 초수물이
임금님 눈병을
씻어 주었다네.

에헤라 디야!
풍악을 울려라!
우리 임금님 좋아하는
앵두나무를 심자.
마을 입구에도 심자.
우물가에도 심자.
물을 긷지 않는 우물에는
물이끼가 낀다네. 임금님은
우리에게 물을 돌려 주셨네.

에헤라 디야!
풍악을 울려라!
물은 모든 생명의 에너지.
성군이신 우리 임금님
전의 초수 물을 돌려 주셨네.
우리 백성들에게 돌려 주셨네.
물 한잔 받으시오. 어서 받으시오.
이 물은 임금도 낫게 한 약수,

어여어여 이 물 드시오.

에헤라 디야! (관객)
경사로세. (합창)
에헤라 디야! (관객)
풍악을 울려라. (합창)
이 물은 임금님을 낫게 한 물.
우리도 함께 마시세.
다 같이 건강해지세.
에헤라 디야. (관객)
경사로세. (합창)

전월산 용천의 버드나무가 된 미르

〈1막〉

S#.1 청벽 (밤/안)

(스크린으로 청벽 아래 금강의 모습을 보여준다. 또는 청벽을 만들어 놓고 그 아래 강을 만들어 놓는다. 그 강 바닥에 이무기가 풀이 죽어 앉아 있다. 화려하고 멋있는 엄마 미르가 나타나서 이무기를 안아준다. 엄마 미르가 이무기를 향해서 노래를 부른다.)

이무기 엄마 미르의 노래

사랑하는 내 아들

이무기야. 이무기야.
에미를 닮지 않았다고
실망하지는 말거라.
지금은 비록 이무기의 몸이지만
너에게는 용의 피가 흐르나니.
비단같이 맑은 금강에서
500년을 하루같이
티끌 없는 맑은 마음으로
기도하고 기도하거라.

500년이 한순간에 흐르거든
어미, 아비 닮은 모습으로 변해 가거든
청벽을 발돋움하며 승천해 보거라.
구름과 번개를 부르고
비를 내리게 하는 힘이 생기거든
그때는 전월산 용천까지 올라가거라.
거기서 나머지 500년을 또 하루같이
티끌 하나 없는 깨끗한 마음으로
기도하고 기도하거라.

코가 똑바로 서고
갈기가 부드러워지거든
비늘 끝에 굵은 꼬리로

파다닥 용오름 만들어 보거라.
전월산이 온통 꽃들로 덮이는 춘분 날
올라오라는 하늘의 음성이 들리거든
그때 하늘로 올라오거라.
내 아들 이무기야!
반곡의 처녀를 조심하거라!
내 너를 양화리 금강에 숨겨 놓은 것은
반곡리는 역적으로 몰린 사람들이 숨어 들어온 곳.
삼면이 산으로 둘러쌓인 곳.
앞에는 깊은 금강이 막고 있는 곳.
반곡에는 이쁜 처자들이 많다는 소문 때문이란다.
장차 용이 될 이무기가 인간의 여자를 사랑하면
그것은 지네의 독처럼 치명적이란다.
그 독은 너의 뼈를 녹게 만들 것이니
절대 조심하거라. 사랑하는 내 아들 이무기야.
내 너를 만나는 날을 기도하고 기도하마.

이무기의 노래

어머니, 늠름하고 아름다운

나의 어머니 미르여!
당신은 푸른 보석을 좋아하고
전단나무의 잎사귀나
오색실을 싫어하시지요.
어머니의 화려한 뿔과
우아한 머리털을 갖고 싶어요.
입가에 긴 수염을
손으로 튕겨보고 싶어요.
동판을 두들기는 목소리로
노래하고 싶어요.
81장의 비늘이 있는 등을
보란 듯이 좌우로 흔들고 싶어요.
목 아래 거꾸로 있는
딱 하나의 비늘
역린을 갖고 싶어요.
아하, 나는 지금 이무기
몸에는 비늘 하나 없네.
어머니, 사랑하는
나의 어머니, 미르여!
기다리세요, 지켜봐 주세요.

〈2막〉

S#.2 전월산 용천 (밤/밖)

내레이션: 여러분들은 도를 아십니까?

고려초엽 양화리 부근 금강에서 도를 닦던 이무기는 용의 피가 흐르는 귀한 신분이었어요.

이무기의 엄마는 해모수의 수레를 끄는 늠름한 용이었는데요. 이무기는 그런 어머니처럼 훌륭한 용이 되고 싶었어요.

그래서 500년을 한결같이 도를 닦았어요. 500년의 시간이 흐른 어느 날 하늘의 음성을 듣게 됩니다.

옥황상제: 금강의 이무기는 들어라.

너는 이 길로 곧장 전월산의 용천으로 가서 나머지 500년을 수행하거라.

그때 승천하면 어머니 미르와 함께 해모수의 수레를 끌 것이다.

그대는 초심을 잃지 말고 몸가짐을 깨끗이 해야 하느니라. 또한 명심할 것은 승천할 때는 아이를 임신한 사람이 승천장면을 절대로 보아서는 안 되느니 이 점을 명심, 명심하거라.

내레이션: 이 소리를 들은 금강의 이무기는 바로 전월산 용천으로 올라갑니다.

전월산의 동쪽은 금강과 미호천이 만나는 곳입니다.

달이 비치는 밤에 전월산에서 동쪽의 강을 내려다보면 강물 속 달이 빙글빙글 돌아가는 것처럼 보인다고 합니다. 그래서 전월산이라고 했다지요?

전월산 용천에서 수행을 하던 이무기는 하늘에서 천둥소리가 들리는 날이면, 하늘로 승천하는 미르들을 보며 게을러지는 마음을 다시 바로하고 수행을 하곤 했습니다.

어느 날 전월산이 온통 먹구름에 휩싸이고 천둥번개가 요란하더니, 하늘에서 쩌렁쩌렁한 소리가 들려 왔습니다.

옥황상제: 이제 전월산 용천의 이무기는 승천하거라!

내레이션: 이무기는 너무 기쁘고 감격스러워 눈물을 흘렸습니다. 이제 조금 있으면 천년을 그리워한 어머니를 만날 수 있을 테니까요.

이무기는 하늘에서 내려온 구름의 물줄기를 타고 빠르게 하늘로 올라가기 시작했습니다.

잠시 후 하늘에서 내려오던 물줄기가 멈추는 것이었어요. 이게 도대체 어떻게 된 일일까요?

하늘로 올라가던 이무기는 땅으로 곤두박질치며 떨어지기 시작했습니다. 하늘에서는 노한 옥황상제의 목소리가 들려왔습니다.

옥황상제: 이런 바보 같으니라고, 그렇게 내가 명심하라고 했건만 칠칠한 것 같으니라고.

쯧쯧, 건넛마을 반곡의 임신부가 너를 쳐다보고 있었는데 그걸 눈치 채지 못했더란 말이냐?

(먹구름 물줄기를 타고 하늘로 오르던 이무기가 땅으로 곤두박질 떨어진다.

상체는 미르이나 하체가 이무기인 몸으로 땅에 주저앉아 노래한다.)

지상으로 떨어진 이무기 노래
— 천년의 그리움

어머니, 아름다운 나의 어머니 미르여!

억울합니다. 원통합니다.
천년의 고독을 하루같이 버티었는데
이렇게 한순간에 물거품이 되다니요?
검푸른 몸을 좌우로 흔들던 어머니.
녹색의 배를 살짝 살짝 보이시며
먹구름을 동반한 번개와 천둥 속으로
승천하던 어머니, 보고 싶어요.

동에서, 서에서 번쩍 번쩍 하늘을 날며
어머니와 함께 노래 부르고 싶었어요.
하늘이 갈라질 것 같은 폭풍우 일으키며
멋진 암컷 미르와 사랑을 하고 싶었어요.
푸른 알을 퐁당퐁당 낳고 싶었어요.
수컷 미르인 나는 바람이 불어오는 쪽에서
암컷 미르는 바람을 맞는 쪽에서
우리 아기 이름을 부르면
아기는 알을 깨고 나오겠지요?
생각만으로 알을 부화시키는
사포(思抱)의 능력으로
내 알을 부화시키고 싶었어요.
박혁거세 같은 아들과 알영 같은 딸을
이곳 용천에 낳아 키우고 싶었어요.
그 아들딸이 긴 세월을 거쳐 이무기가 되고

5백년을 지나고 또 500년 후에
위풍당당 미르가 되는 모습을 보고 싶었어요.
태양의 중심이 적도에 오는 춘분 날
낡은 몸을 버리고 새로운 몸으로 하늘에 오르는 딸
아들을
어머니와 어머니의 어머니와 함께 보고 싶었는데,
어머니, 억울해요, 원통해요. 이제 어쩌면 좋아요?

이무기 어머니 탄식

사랑하는 이무기야!
가여운 내 아들아!
천년의 고생이 한순간에 물거품이 되는구나!
이렇게 원통한 일이 어디 있느냐?
손을 뻗으면 닿을 수 있는 거리에서
너를 놓치고 마는구나.
아! 아! 뼛속까지 아리는구나.
사랑하는 이무기야!
가여운 내 아들아!

이 어미가 그토록 인간의 여자를 조심하라 했거늘,
특히 반곡의 처자를 멀리하라 했거늘,
하룻밤 춘정으로 너는 용이 되지 못하는구나.
마을 앞은 금강으로 가로막히고
삼면이 산으로 막힌 반곡의 처녀들은
얼마나 반곡을 떠나고 싶었겠느냐?
봄바람에 꽃잎이 하늘거려도
아름다운 반곡의 처자가 용천에 와서 목욕을 해도
너는 용천 바닥에서 수행하고 있으라 했거늘
어리석도다! 어리석도다!
가여운 내 아들을 어찌할꼬.

네가 벗어 버린 낡은 몸이
돌이 되는 과정을,
돌 속의 뇌가 용뇌라는 보석이 되는 시간을
너와 함께하고자 했거늘,
어느 선인에게 그 만병통치약이
전해지는지 지켜보고 싶었거늘,
모든 일을 너와 함께하고 싶었거늘,
이 모든 꿈이 한순간에 물거품이 되다니
억울하고 원통하구나!

내레이션: 하늘로 승천하다가 반곡의 임산부가 쳐다보는 바람에 땅으로 떨어지게 된 이무기는 용천으로 떨어져 죽었어요.

그리고는 용천 옆의 한 그루 버드나무로 탄생했습니다.

〈3막〉

S#. 3 용천 (밤/밖)

(용천에 비친 버드나무 사진이나 그림을 보여준다. 버드나무로 변한 이무기가 용천 옆에서 노래를 한다.)

이무기가 버드나무가 되어 부르는 노래 3

어머니는 날 보고 어리석다 하시네.

천하에 바보라고 하시네.
그러나, 그러나 용의 피를 받고 싶어 하는
여자의 지극 정성을
내가 어찌 막을 수 있겠는가?
한 나라를 일으킬 용의 탄생을
원하는 어미의 바람을
내 어찌 모른 체 한단 말인가?
승천하는 내 모습을 몰래 훔쳐 본
반곡의 어미는 복도 많구나.
네 아이는 이 나라를 다스릴
큰 용이 되겠구나.
나의 천년 수행은 고스란히
그 아이한테 가겠구나.
안타깝지만은 억울하지만은 않구나.
나, 느티나무가 무성하게 자라 반곡 쪽을 바라보면
반곡의 진씨 여인네들은 바람이 날 것이란 소문이,
나, 느티나무가 반곡리가 아닌 양화리를 쳐다보면
양화리 임씨 마을 사람들은 대대로 부자가 되리라는 엉뚱한
소문이 꼬리에 꼬리를 무는구나.

내레이션: 반곡마을의 진씨 임산부 때문에 승천을 하지 못하고 용천에 떨어져 죽은 이무기는 용천 옆에 한

그루 버드나무로 태어났습니다.

말하기 좋아하는 사람들은 이 버드나무가 커 강 건너 금남면 반곡리를 쳐다보면 반곡리 아낙들이 바람이 난다고 했어요. 오래전 반곡리 진씨 처녀가 용과 바람이 났던 것처럼요.

그래서 반곡리 청년들은 동네의 아낙들이 바람이 날까 두려워 밤이 되면 전월산에 올라가 몰래 버드나무 가지를 베어버렸대요.

양화리 사람들은 버드나무가 자라 양화리를 쳐다보아야 대대로 부자가 된다고 했잖아요. 그래서 반곡리 사람들이 몰래 나무를 베지 못하도록 밤새도록 버드나무 주변을 감시했다고 합니다.

전월산 용천에는 지금도 버드나무가 한 그루 있는데요. 나무에는 가지는 거의 없고 둥지만 남아 있습니다. 이는 수백 년간 반곡리 사람들과 양화리 사람들이 한쪽 마을은 버드나무를 지키려 하고, 다른 마을은 버드나무 가지를 몰래 베어 둥지만 남았다고 하는 부족 간의 갈등을 다룬 이야기인 셈이지요.

시인 수첩

포노사피엔스 사랑법
— 자작시 해설

나는 내숭 9단이다. 부뚜막에 먼저 올라간 얌전한 고양이다. 오래전 비혼자 모임 회장이었던 내가 서른도 안 되어 결혼한다고 하자 회원들이 항의하며 내게 한 말이다. 나는 당연히 모임에서 퇴출당했다. 내 반쪽은 어디 있을까? 비혼자 모임 회장을 맡고 있을 때도 그런 생각을 한 것을 보면 나는 내숭 9단이 분명하다.

플라톤의 『향연』에 보면 인간은 본래 남녀가 한 몸인 남녀추니였다고 한다. 이 생명체는 강하고 완전해 신을 두려워하지 않게 되었다. 인간 위에 군림했던 신들에게 이 생명체는 위협적인 존재였나 보다. 그러니 이 힘을 약화시키기 위해 인간을 반으로 쪼개 분리시켜 놓은 것이 아니었겠는

가. 분리된 인간들은 언제나 분리불안으로 고독해 한다. 이 고독함을 극복하기 위해 잃어버린 반쪽을 찾아 헤매는 것은 당연하다. 우리 몸의 DNA의 구조를 보면 신화 속 남녀추니처럼, 두 마리의 뱀이 똬리를 틀고 있다. 마치 〈복희와 여와도〉 그림처럼.

여성들은 완경을 하면 호르몬 체계가 바뀌어 여성성이 줄어들고 상대적으로 남성성이 더 드러난다고 한다. 나의 경우도 자꾸만 머리를 짧게 커트하고, 치마보다는 주로 바지를 입게 된다. 내숭보다는 직접화법이나 직접 행동을 먼저 한다. 내 안의 여성성과 남성성 둘은 그렇게 균형을 맞추어 간다. 신랑도 마찬가지이다. 가끔 여성처럼 호호 웃는 모습을 보이기도 하고, 설거지를 매일 하고 요리를 자주 한다. 다음의 「여보세요—포노사피엔스」는 내 안의 여성성이 줄어들기 시작하고, 그이 안의 남성성이 줄어들기 시작한 즈음, 그와 나의 일상을 고백한 시이다.

남편과 등을 맞대고 누워
각자 지혜로운 폰을 매만진다.

자? 내 폰 갤럭시가 은하를 건너
그의 폰 갤럭시에게 묻는다.

아니 왜? 그의 갤럭시가 은하를 건너

내 갤럭시에게 대답한다.

할 껴? 몰러! 선문답이 오간다.
인류의 오랜 소통이 시작된다.

각자 잠든 뒤에도 휴대폰에 남은
신인류의 사랑법은 계속된다.

―「여보세요―포노사피엔스」 전문

새벽에 잠자리에서 일어나면 가장 먼저 하는 일이 스마트폰을 만지는 일이다. 그도 그렇고 나도 그렇다. 밥을 먹으면서도 옆에 놓고 먹고, 화장실에 갈 때도 들고 간다. 이 역시 그도 그렇고 나도 그렇다. 잠자리에서도 폰과 스킨쉽 놀이를 하다가 잠이 든다. 이것 역시 나도 그렇고 그도 그렇다. 그의 입장에서 생각해 보면, 살짝 터치만 해도 반응하는 그가, 툭툭 건드려도 모르는 척 내숭떠는 나보다는 열배 낫다고 생각하는 것은 아닐는지.

스마트폰과 함께 탄생한 신인류, 포노사피엔스는 이미 거대한 집단이다. 학자들에 의하면 오래전 호모사피엔스는 많은 것들을 무차별 학살하고 지구에 살아남았다고 한다. 포노사피엔스 역시 이미 수많은 것들을 멸종시켰다. 우리의 사유 시간을 빼앗아 갔고, 기다림의 시간을 빼앗아 갔고, 심지어 남녀 간의 사랑 시간도 빼앗아 갔다. 이 작품은 어느 날, 갤럭시와 새벽까지 유희를 하고 있는 남성성이 조금 남은 그에게, 여성성이 조금 남은 내가 먼저 건 수작이다.

너를 기다리는 동안

문이 몇 번 열리고 닫혔는지

모른다, 쳐다보지 않았으니까.

너는 사각의 우주 속에서 웃는다.

나는 너의 웃음을 만진다.

가령 네가 오늘 오지 않아도

나는 지금 충분히 행복하다.

—「포노사피엔스 사랑법」 전문

『어린왕자』 속 여우의 말처럼 "가령 오후 4시에 네가 온다면 나는 3시부터 행복해지기 시작할 거야", 왜? 내게는 스마트폰이 있으니까. 설사 네가 오지 않아도 나는 지금 충분히 행복하다. 왜? 스마트폰 속에는 터치만 하면 웃어주는 잘 생긴 남자들이 많으니까. 그들은 수시로 날 웃게 만드니까. 그래서 나는, 지하철에서도 결혼식장에서도, 장례식장에서도, 수시로 그를 만진다.

붉노란 서쪽 하늘이
늙은 아기를 끌고 가는
보행기를 잡아당긴다, 슬금슬금.
덜커덩, 지구의 어깨가 한 뼘
옆으로 더 기울어진다.

보행기 속 아기가
지구의 몸을 밟는다.
조물조물 발가락을 꼼지락거려
어깨가 무거운 지구를
살금살금 풀어준다.

—「지구의 두 축」 전문

지구는 중심축이 23.5도 비스듬히 기울어져 있다. 이 시 「지구의 두 축」에 의하면 그것이 "붉노란 서쪽 하늘이/늙은 아기를 끌고 가는/보행기를 잡아당긴"이유이다. 이렇게 '척추측만증'을 앓고 있는 지구의 축을 돌려놓고자 천지공사를 한 종교단체도 있지만 지금도 여전히 지구의 어깨는

한쪽으로 기울어져 있다. '척추측만증'을 앓고 있는 지구를 버티게 하는 것은 "보행기 속 아기가/지구의 몸을 밟"고 있기 때문이다. "조물조물 발가락을 꼼지락거려/어깨가 무거운 지구를/살금살금 풀어"주기 때문이다.

이가 다 빠진 구순의 노모
체머리를 흔들며
까꿍 재롱을 핀다.

윗니 아랫니 두 개뿐인 아기
체머리를 흉내 내며 도리도리한다.
껄껄껄 우는 붉은 잇몸의 아기.

—「두 아기」 전문

「지구의 두 축」이나 「두 아기」 모두 늙은 아기와 어린 아기의 이야기이다. 「두 아기」에는 고개를 좌우로 흔드는 '도리도리'라는 단어가 나온다. 이 동작을 모르는 사람은 없을 것이다. 이 동작은, 단군왕검 시절부터 전해 내려오는 동작이다. 우리가 의태어인가? 의성어인가? 여겼을 법도 한 이 '도리도리'는 우리의 전통적인 육아법인 '단동십훈' 열 가지 동작 중의 한 가지 동작이다. '도리도리' 외에도 우리가 흔히 아기들에게 해 주고 있는 '부라부라'도 있는데, 이 '부라부라'는 아기의 허리를 잡고 세워 왼쪽, 오른쪽, 기우뚱기

우뚱하면서 내는 소리이다. 이 밖에도 단동십훈 동작 중에는 우리가 잘 알고 있는 '잼잼'이나 '곤지곤지', '짝짜꿍 짝짜꿍'도 있다. 나는 혼자 숲길을 걸을 때 부라부라하면서 고개도 도리도리하면서 어깨 힘을 빼고 몸의 긴장을 풀려고 노력한다. 그러다 보면 어느새 시가 들어 와 있다.

언제까지 품안에서만
반짝이고 있을래?
둥가둥가 해줄 팔다리가 없구나.
심장만 덩그러니 남은 저수지
가슴을 팽팽하게 뒤로 젖혀본다.

잠시 공중으로 퉁겨 올려진 물방울
크앙크앙 햇빛에 반짝인다.
풍덩 저수지 품으로 뛰어내린다,
다시금 반짝이는 물방울.

클대로 다 큰 아이야.
구름 위까지 한번 올라가 보렴.
세상엔 반짝이는 일 말고도 할 일이 많잖니?
저수지는 심장의 표면장력을 만들어
더 높게 물방울 하늘로 퉁겨 올린다.

—「섬마섬마」 전문

'섬마섬마' 단어는 아기를 키워 본 사람이라면 다 아는 동작이다. 어린아이가 혼자 걷기 시작할 때, 뒤에서 아이를 붙잡아주던 어른이 슬그머니 붙들고 있던 손을 떼면서 하는 말이다. 슬그머니 손을 놓는 이는 나이면서 신, 즉 자연이기도 하다.

「섬마섬마」는 '저수지'를 보고 모성을 떠올리고 쓴 시이다. 이 땅의 어머니들은 호랑이처럼 강하지 못해 '섬마섬마' 하지 못하고 아이들을 품 안에 언제까지고 품고 있다. 어느 날 말라비틀어진 저수지를 보고 이 저수지는 '섬마섬마' 했다고 보았다. '섬마섬마'한 저수지처럼 강한 엄마 역할을 하지 못하는 엄마들을 위해, 동화에서는 '계모'들이 대신해 준다. 그녀들은 다 큰 아이들을 과감하게 집에서 내쫓는다.

시인을 곡비라고 생각한 적이 있다. 그러나 시를 쓴다는 것은 수많은 나를 만나는 일이다. 곡비가 아니고 바로 내 일이다. 부라부라 걸으며 만나는, 개미, 돌멩이, 거미, 나비, 개망초, 호수공원, 구름, 건물, 자동차, 외국인 노동자, 편의점 알바생, 지나는 행인 모두 다 '나'이다. 나를 부라부라하게 하고 섬마섬마 혼자 걸을 수 있게 슬그머니 손을 놓아버리는 이 또한 '나'가 아닌가.